CATALOGUE
D'ESTAMPES

DE DIVERS MAITRES

PORTRAITS FRANÇAIS

PAR

EDELINCK, NANTEUIL, DREVET, VANSCHUPPEN

Et autres Graveurs français célèbres,

DE

PLANS ET VUES TOPOGRAPHIQUES

Monuments, Châteaux, etc., des principales villes d'Europe, France, Pays-Bas, Allemagne, Italie, Espagne, etc.

et d'une Collection

D'AUTOGRAPHES

d'Érudits, la plupart BÉNÉDICTINS.

Du Cabinet et de la Bibliothèque de M. CHAVIN de MALAN,

DONT LA VENTE SE FERA

Les Lundi 8, Mardi 9 et Mercredi 10 Février 1858,

A SEPT HEURES DU SOIR

MAISON SILVESTRE

RUE NEUVE DES BONS-ENFANTS, 28.

Par le ministère de Me **LEVILLAIN**, Commissaire-Priseur, rue du Faubourg-Montmartre, 62.

LE CATALOGUE RÉDIGÉ PAR **M. P. DEFER**,

Se distribue à Paris,

Chez MM. **VIGNIÈRES**, marchand d'Estampes, rue de la Monnaie, n. 13, l'entrée par la rue Baillet, 1, à l'entresol.

DEMICHELIS, Libraire, rue Saint-André-des-Arts, 32

FRANÇOIS, Libraire, rue des Saints-Pères, 23.

CHARAVAY, Libraire, rue de Seine, 53.

1857.

ORDRE DES VACATIONS

PREMIÈRE VACATION. — **8 Février.**

Vues de France	n^{os}	1 à 67.
Estampes diverses		185 à 205.
Portraits français		249 à 280.

DEUXIÈME VACATION. — **9 Février.**

Vues des Maisons royales..	n^{os}	68 à 90.
Vues des Villes du Nord..		91 à 132.
Estampes diverses		206 à 235.
Portraits français		281 à 310.

TROISIÈME VACATION. — **10 Février.**

Vues de villes d'Italie, d'Espagne, etc	n^{os}	133 à 183.
Estampes diverses		226 à 248.
Portraits français		311 à 352.

QUATRIÈME VACATION. — **11 Février.**

Autographes de 1 à la fin.

Il y aura chaque jour de vente exposition de une heure à trois.

CONDITIONS DE LA VENTE.

Au comptant.

Cinq pour cent en plus des enchères, applicables aux frais.

Le Catalogue de la vente de la Bibliothèque de M. CHAVIN-MALAN, dont la vente précédera celle des Estampes et des Autographes, se distribue chez MM. Vignières, Demichelis et Charavay, qui se chargeront des commissions pour la France et l'étranger.

M. Charavay, chargé de la vente des Autographes, se chargera des commissions qu'on voudra bien lui confier.

DÉSIGNATION

DES

ESTAMPES

Plans et Vues de Villes de France.

1 **Lutetia Parisiorum**. Plan gravé par Hans Bol. Deux autres par Robert de Vaugondy et de la Grive.

2 **Paris.** Par Mérian. Autres vues en 1620 et 1654, autres plans par Beaurain. Vue du pont des Thuileries par Silvestre, etc. Six pièces.

3 **Paris** (Environs de). Par Messieurs de l'Académie des Sciences en 1674, gravés par de la Pointe en 1678.

4 **Paris** (Plan de). Dit de Turgot en 1734. Bel exemplaire en 20 feuilles.

5 **Paris.** Plan par Jaillot, géographe, 1717. Nouveau plan par quartier, par Jaillot. 20 feuilles.

6 **Paris** (Plan de la généralité de). Divisé en 22 sections, en deux feuilles, par Triel fils, en 1778.

7 **Paris et ses Environs**. Levé géométriquement par Roussel, ingénieur, 1730. Grand plan en neuf feuilles, avec l'adresse de la ve Robinet.

7 bis. Un second exemplaire édition de 1731. Il est retouché et avec l'adresse de Jaillot.

8 **Thuileries** (Château et Jardin des). Deux vues et un plan, par Israël Silvestre en 1668 et 1669.

9 — Vues et Jardins du même Palais; trois par Silvestre, de 1671 à 1673, une vue par Aveline, et quatre par Perelle. Huit pièces.

10 **Louvre** (Palais du). Plans, Coupes et Élévations, par Jean Marot. 10 pièces.

11 **Luxembourg** (Palais du). 3 pièces par Aveline et Rigaud.

11 bis. **Palais-Royal.** Six Vues et Plan par Aveline, Perelle et de la Boissière en 1679.

12 **Hôtel des Invalides**. Vue en perspective, grande pièce en deux feuilles, par J. Le Pautre. Rare. Vues par Aveline, Marot, Le Pautre, etc. Quatre pièces.

13 **Église Notre-Dame**. Une messe au chœur. Un Te Deum, par Marot. La Rose de l'église en 1727, Chœur de l'église par Blondel, Portail, 3 vues par Perelle, figures du Portail. En tout 9 pièces.

14 — Détails d'Architecture, Vitraux, etc., de l'église Notre-Dame de Paris. 11 pièces de l'ouvrage de Leconte. Statistique de Paris par A. Lenoir. 23 feuilles détachées de l'ouvrage.

15 — Églises de Paris par Marot, Le Pautre, Guérout, etc. 35 pièces.

16 — Chapelle dans l'église des Mathurins, à Paris, pièce gravée en 1649, par Théodore Van Thulden.

17 — Le Calvaire, Sainte-Geneviève, l'Observatoire, la Salpétrière, par Perelle, le Val-de-Grâce, par Silvestre, etc. 14 pièces.

18 — Hôtel de Nevers avec le paysage prochain et choses les plus remarquables. Boissevin ex. Rare.

19 — Le Collége des Quatre-Nations, la Maison du Père Lachaise, par Silvestre, 1670. La Sainte-Chapelle, Vue du Pont-Neuf et des Thuileries, Van Lochon exc., Vue de la porte de Nesle et du Louvre, le Temple de Charenton, par J. Marot. 8 p.

20 **Paris**. Plans, Profils et Élévations de Maisons et Hôtels, mesurées, dessinées et gravées par Blondel, Marot, J. Mariette, Perelle, Rigaud, etc. 199 p. sur 69 feuilles.

21 **Abbeville**. Vue en 6 feuilles, gravée en Hollande,

22 **Amiens**. Plan de la Ville et de la Citadelle, par Cornet de Coupel, dessiné par Charles Desbordes, ingénieur, et gravé par F. Ertinger en 1700. Très-rare.

23 **Angers**. Nouveau plan de la ville en deux feuilles, par Simon en 1736. — Vue d'Angers en deux feuilles d'après Linclerc, par Collignon.

24 **Saumur**. Vue d'après Linclerc par Collignon. Collège de La Flèche en Anjou, chez E. Gantrel.

25 **Avignon**. Plan curieux dédié en 1600 à Balneo, archevêque d'Avignon. Gravé dans le goût de Tempeste. Très-rare.

26 **Avignon**. Vue en 2 feuilles. Dessiné et gravé par I. Silvestre.

27 **Bordeaux**. Vue en 4 feuilles. Justus Danckerts excudit. Amstelodamy. Gravé vers 1620. Rare.

28 **Bourgogne** (Carte particulière du Duché de la). Dressée et exécutée par Seguin, ingénieur géographe en 1753, sous la direction de Cassini, Camus, et Montigny. 15 feuilles.

29 **Cluny**. Vue de l'Abbaye et de la Ville. Dessiné sur les lieux par Louis Prévost. 3 feuilles. — Vue d'un Monastère à 5 lieues de Dijon. Hôtel de ville de Dijon en 1784. Trois vues de Dijon d'après Silvestre, par Perelle. Portrait de l'église de Sainte-Benigne. 7 p.

30 **Frejus**. Vue en deux feuilles d'après Lincler, par Silvestre.

31 **La Charité**. Vue en deux feuilles d'après Linclerc, par Silvestre.

32 **Limoges**. Plan de la Ville, par Jouvin de Rochefort, trésorier de France.

33 **Lyon**. Grande vue en 4 feuilles par de Cleris, gravé par François de Poilly. Belle épr.—Description de l'horloge que Messieurs les comtes de Lyon ont fait faire en 1660. Thourneysen sc. 1672. — Hôtel de ville de Lyon, par de Poilly. 3 p.

34 **Lyon**. Description de la mosaïque découverte en 1806. In-fol.

35 **Marseille**. Vue en deux feuilles d'après Linclerc par Silvestre.

36 Metz en Lorraine, Meaux, Melun et Pontoise, par Silvestre. Chateau et pont d'Auxonne. 9 p.

37 Metz, pièce en deux feuilles. On lit : Silvestre rue du Mail. Sedan, Verdun, Toul, 4 p. par Israël Silvestre.

38 **Nantes**. Vue de cette ville, en 4 feuilles. Explication en français sans nom ni date.

39 **Nevers**. Vue en 2 feuilles, d'après Linclerc, par Silvestre.

40 **Orléans**. Vue en 2 feuilles, dessiné par Sylvestre et gravé par Collignon.

41 **Pyrénées** (Les). Par le sieur Roussel, ingénieur. Carte générale, en 8 feuilles.

42 **Rheims**. Six Vues de la Cathédrale, par Gentilastre en 1718 et autres artistes.

43 L'excellent frontispice de l'Église de l'Abbaye de Saint-Nicaise de Rheims, gravé par Nicolas de Son, en 1625.

Le somptueux frontispice de l'Église N. D. de Rheims, ville du Sacre, par Nic. de Son, 1625. Belles épreuves avant l'adresse d'E. Moreau.

44 Le somptueux et magnifique édifice de la ville de Rheims, dédié à Messieurs les lieutenants et échevins de la ville, par E. Moreau.

45 Pourtraicts au naturel de la ville, cité et université de Rheims, avec un abrégé de l'antiquité, fondation et singularité de cette ville, par René de la Chèze, rémois. Se vend à Rheims chez E. Moreau, graveur en taille-douce, 1622. Très-rare.

46 Plan de Rheims, vues de Chably, Mousson, par Perelle. Plans de l'abbaye de Clairvaut, par Melley, dont un à deux feuilles. Tonnerre d'après Silvestre par Perelle. 6 p.

47 Tombeau de Saint Remy, représentation de la Couronne du Sacre de Louis XV en 1723. Trois planches du Sacre de Louis XIV, par Le Pautre, avec une feuille d'explication. Très-belles épreuves. 5 p.

48 **Rouen**. Plan de cette ville en 4 feuilles, par Jacques Gomboust, en 1665. Ce plan, qui est très-rare, est entouré de vues des Châteaux des environs; avec 4 feuilles de texte à la fin desquelles se trouve un privilége où il est parlé du plan de Paris (1).

49 **Rouen**. Grande Vue de cette ville par Mérian. En 4 feuilles.

50 Vues de l'Église de Saint-Ouen. Douze Vues gravées par David, G. Aüdran, etc. Cathédrale de Coutance en 1747.

51 **Strasbourg**. Vue de la Cathédrale, Jacobi ab Heyden. Autre Vue par Adam Seupel. L'Horloge Astronomique de Strasbourg. Intérieur de l'Église gravé par Isaac Brunnius en 1630. 4. p.

52 Représentation des Fêtes données à Strasbourg pour la convalescence du Roi. Inventé, dessiné et gravé par Weis. Paris, in-fol. en feuilles.

53 **Toulouse 1642**. Vue en deux feuilles. Mariette exc.

54 **Tours**. Vue en deux feuilles d'après Linclerc par Collignon. Monastère près Tours. 2 p.

55 Pourtraict de la Sainte-Beaume, grande vue en trois feuilles, gravée par Cl. Goyrand. Rare. Les Reliques de la Sainte-Beaume. 2 p. avec texte.

(1) Ce plan de Paris, très-rare, a été vendu 766 fr. à la vente de la bibliothèque de M. de Walkenaer.

56 Chapelle du Bon-Refuge de la ville de Barioux en Provence, par Louis Meunier.

57 L'Abbaye de Prémontré près Laon, et l'Abbaye Saint-Jean des Vignes de Soissons, en 1673, par Louis Barbaran. 2 p. Rares.

58 Le magnifique Jubé de Notre-Dame de Liesse.— La Foire de Guibray en Normandie, d'ap. Chaunel, par N. Cochin.

59 Abbaye de Port-Royal des Champs. 15 p. gravées par Magdeleine Horthemels.

60 Vue de l'Abbaye de La Trappe par Beaudouin. Bourbon-Lancy, Bourbon-l'Archambaut d'après Silvestre par Perelle, Vue de Vernon, Plan de Beauvais par de la Grive, Bourse de Dunkerke, etc. 9 p.

61 Château de Richelieu, douze Vues par J. Marot, Perelle et autres.

62 Statistique monumentale, Atlas de Toul et de Nancy, par Grille de Beuzelin. 38 planches in-fol. fig.

63 La Chartreuse de Grenoble, grande vue gravée par Léonard Gautier et J. Messager. Très-rare.

64 La Grande-Chartreuse par Champin. Description de la Grande-Chartreuse, Herman Vegen excudit. Vues de Grenoble, d'après Silvestre, par Perelle. 5 p.

65 Monographie de la Cathédrale de Brou, par Louis Pasquier, 4 livraisons grand in-fol. 20 pl. plusieurs coloriées.

66 Vitraux de la Cathédrale de Bourges. 1842. — 11e liv. 8 pl.

67 Mémoires de la Société d'Histoire naturelle de Châlons-sur-Marne. Années 1844 à 1846. 17 pl.

Châteaux et Maisons royales de France.

68 **Chantilly** (Château et Parc de). Onze vues par Rigaud, Aveline et Perelle.

69 **Clagny** (Château de). Dix planches, coupe, profil et élévation, par Mansart en 1678. Deux Vues de Perelle.

70 **Fontainebleau** (Château et Parc de). Six Vues par Israël Silvestre. Trois par Perelle. Deux plans par Dorbray en 1682. Plan de Compiègne.

71 **Marly** (Château et Parc de). Cinq vues et Plan par Blondel, Pierre Le Pautre et Rigaud.

72 **Meudon** (Château de). Six Vues dessinées et gravées par Israël Silvestre, de 1685 à 1705. Trois plans par J. Mariette. 9 p.

73 **Rambouillet** (Château de). Une vue par Aveline, deux par Rigaud, un plan par Mariette, plus une vue du Château de Bellevue par Rigaud. 5 p.

74 **Saint-Germain** (Château de). Neuf vues par Rigaud, Silvestre, 1666, Perelle, Ducerceau, etc.

75 **Saint-Cloud** (Château et Parc). Un Plan par La Grive en 1774. Quatre Vues par Rigaud, deux Vues par Silvestre en 1671, dont une avec l'adresse de Fagnani, rue des Prouvères; deux par Perelle et deux plans par J. Mariette. En tout 11 p.

76 **Saint-Denis** (Église et Abbaye de). Sept pl. par Le Pautre, Vue par Marot, profil de la ville de Saint-Denis par Silvestre. Plan de Saint-Denis 1704. 12 p.

77 **Sceaux** (Château de). Deux Vues perspectives du Château et du Parc par Israël Silvestre 1675. Six Vues par Rigaud.

78 — Plafond de la Chapelle du Château de Sceaux par Le Brun, gravé par G. Audran. Estampe en 5 feuilles. Le même sujet par Bernard Picard.

79 — Le plafond de l'Aurore, au château de Sceaux. Estampes en 8 feuilles d'après Le Brun, par G. Audran.

80 **Vaux-le-Vicomte**. Douze Vues, I. Silvestre del. et sc. Parisiis, dont trois grandes. Rare. Six Vues et Plans par Marot et Perelle, d'après Silvestre. 18 p.

81 **Versailles**. Plan général de la Ville et du Château, par P. Le Pautre, en 1717, avec les explications. Vue générale du Château et du Parc, en deux feuilles, par Dumas en 1712. Quatre Plans par Mariette. Vue de Saint-Cyr par Rigaud. 7 p.

82 **Versailles** (Château et Parc de). Dix vues par Silvestre, de 1664 à 1684. Trois par Aveline, Rigaud et Perelle.

83 — Statues et Vases dans le Parc de Versailles, 25 pièces gravées par G. et Jean Edelinck, G. Audran, etc., en 1681. Belles épreuves. La planche des bains d'Apollon est avec les noms de Goyton.

84 **Versailles**. Bassins et Jeux d'eau du Parc. 6 p. par Le Pautre, de 1680 à 1677. Quatre par Silvestre, de 1682 à 1684. Deux par Cotelle. Quatorze par Perelle, Rigaud, Louis Chatillon, 1681. Plan de l'Orangerie. En tout 28 p.

85 **Versailles**. Plan du Labyrinthe. 41 pl. in-8°, par Sébastien Le Clerc. Paris, Impr. Roy[le], 1677.

86 **Versailles**. Château de Trianon, un Plan par Mariette. Vues par Aveline, Rigaud et Perelle. 7 p.

87 **Vincennes** (Château et Parc de). Quatre Vues et Plans par Brissard, Aveline et Perelle.

87 bis. **Châteaux** de Saint-Maur, Monceaux et Saint-Ouen, par Rigaud. Trois vues de Monceaux et une de Conflans, par Israël Silvestre, de 1673 à 1679. Deux vues de Saint-Maur, par Perelle, et trois vues du château de Maisons. 12 p.

88 **Châteaux** de Choisy et d'Issy. Huit vues et plans par Perelle et Guéroult, et deux vues d'Auteuil.

88 bis. **Châteaux** de Madrid, plan et élévation. 2 pièces par Marot, 1677.— Châteaux de Gaillon, Blois, Chambord, par Silvestre, 1678; Rigaud, Dorbay, etc., 1677. 9 pièces.

89 Maison à Saint-Ouen; Silvestre, 1672. — Maison de M. Le Brun, à Montmorency, par Silvestre. Deux vues.

90 **Abbaye de Port-Royal-des-Champs**. Vues extérieures et intérieures, par M. Boquet. 4 pièces.—Plans et élévations, par Ant. Lepautre. 4 pièces. — Plan à vol d'oiseau et deux vues, par Marot. 11 pièces.

Plans, Vues et Monuments de villes de Belgique, de Hollande et d'Angleterre.

91 **Anvers**. Divers monuments de cette ville, et un dessin colorié. Vue générale. 7 pièces.

Brabant. Plans et vues de villes. 14 pièces, par L. Kilian, Lucas Worsterman et autres.

93 **Bruxelles**. Un plan en 1639 et cinq vues de monuments de cette ville.

94 **Gand**. Plan de cette ville par Blokuysen.

95 **Liége**. Plan de cette ville en plusieurs feuilles, par M. Mérian, à Paris, chez Jac. Honeruogt exc. Très-rare.

96 — Autre plan par Lambert Thonus, gravé par J. Harris.

— Vue de la même ville, par Marischal, peintre, 1678. Deux feuilles,

— Carte de la principauté de Liége en deux feuilles, par Nic. Leclerc.

97 **Amsterdam**. Très-belle vue en six feuilles, par J. Kip.

98 **Amsterdam**. Huit vues de cette ville gravées par C. Schut, éditeur, par N. Visscher, exc.

99 **Delft**. Vue de cette ville, gravée par C. Decker, et cinq vues diverses de monuments et tombeaux, dont celui de C. Tromp.

100 **Delft**. Monuments de cette ville. 20 pièces gravées à l'eau-forte, par C. Decker et J. de Ram.

101 **Deventer**. Vue de cette ville, 1615. D. M. D. Fecit. Claas Vischer del.

102 **Hollande** (une vue d'une ville de), gravée par C. Hagen.

103 **Hulst** (la ville de) assiégée et prise par le prince d'Orange, en 1645. Grande pièce en deux feuilles, gravée et publiée par Abraham Stanvoort, plus une feuille de texte.

104 **La Haye**. Foire dans cette ville; les bourgeois sous les armes saluant son Altesse royale le prince et la princesse d'Orange. Pièce en deux feuilles gravées par D. Marot.

105 **Rotterdam**. Vue en quatre feuilles. Rombout Van den Hoege excudit, une feuille de texte.

106 **Ryswich**, château royal. 13 pièces et le titre.

107 **Utrecht**. La maison de ville, la cathédrale. 3 pièces.

108 **Hollande**. Bataille navale et autres par les Nassau; la Galère noire de Dort prend devant Anvers sept vaisseaux en 1600. Bataille entre les Hollandais et les Anglais en 1666. A. Veuver. inv. Savry fecit. 7 pièces.

109 **Hollande**. La flotte du prince d'Orange, gravée en 1688 par Daniel Marot. Plan et profil de Namur. 2 pièces par J. Lepautre. En tout 3 pièces.
— Siége d'Audenaerde, victoire à Macasser, etc. 4 pièces, par Romyn de Hooghe.

110 **Angleterre**. Saint-Paul de Londres en 1747. 5 pièces, par Schnert. Vue de Londres, par Mérian. Vues d'églises de Londres et d'Angleterre, dessinées par R. Vest en 1735-1750. Oxford, Westminster, etc. Grenwich et Hamptoncourt, par Rigaud, 1736. Le Palais de White-Hall, par Kip, en 1724. Une vue d'Oxford; vue d'une Bourse pour la nation anglaise. 24 pièces.

Plans et Vues de Villes de Suisse, d'Allemagne, etc., et autres pays du Nord.

111 **Suisse.** Carte générale en quatre feuilles, dressée en 1712 par Scheuchzer, et les explications à part.

112 **Suisse.** Vues de villes gravées par M. Mérian, et un dessin de la ville de Fribourg. 54 pièces.

113 **Fribourg.** Plan en huit feuilles, curieux et rare. Il est marqué d'un compas ouvert entre lequel se voient les lettres MM enlacées. Il est daté de 1606.

114 **Basle en Suisse.** Plan en quatre feuilles, par Mathieu Mérian, en 1615.

115 Altorf, Basle, Berne, Lauzanne, deux vues de Lucerne, par W. Hollar et Mérian.

116 **Cologne.** Plan de cette ville en 1642, en plusieurs feuilles, par C. Ab. Egmont, gravé par Henri Hondy, publié à Amsterdam. Rare.

117 **Cracovie.** Vue de cette ville en quatre feuilles, par Mathieu Mérian. Visscher excudebat, 1626. Une feuille de texte.

118 **Dantzick.** Vue en six feuilles, dédiée à Nic. J. Piscator. Sans nom de graveur.

119 **Dresde.** Cinq vues de cette ville, peintes, dessinées et gravées à l'eau-forte, par Bernardo Bellotto, dit Canaletto, 1747.

120 **Francfort-sur-le-Mein.** Vue en trois feuilles, par Gaspar Mérian, 1657.

121 **Gratz en Styrie.** Vue gravée par W. Hollar.

122 **Heidelberg.** Vue générale, par Mérian. Vues du château sous divers aspects, par Jean Ulrich Crauss del. et scul. 4 pièces.

123 **Konigstein,** en Saxe. Vue de la forteresse de cette ville; peint, gravé et dessiné par A. Thiele, en 1726.

124 **Leipsig.** Quatre vues gravées en 1705.

125 **Munster.** Vue de cette ville en quatre feuilles, par Huges Allardt. Une feuille de texte.

126 **Nuremberg.** Vue de cette ville. Petrus Kœrius excudit. Amstelodami, 1609; dans le haut, le portrait d'Albert Durer. 4 feuilles.

— Vue de la même ville. Laurent Strauch pinxit et ex. Nuremberg, 1699.

127 **Prague.** Vue de cette ville, gravée par Hollar.— La grande salle de Prague, par Sadeler. Très-belle épreuve, mais la marge coupée.

128 **Salsbourg.** Vingt vues par A. Danrister, et le titre.

129 **Vienne.** Vues des façades des hôtels de Vienne, par André Pfeffel, de 1723 à 1725. 4 parties contenant 126 pièces in-fol. — Résidence d'Eugène-François, duc de Savoie, en 1737. 9 pièces in-fol. Plus deux vues de Vienne, dont l'église Saint-Étienne.

130 **Allemagne.** Vues d'églises et de monuments. 28 pièces.

131 Vues d'Allemagne, de Russie, de Suède, de Suisse, d'Italie, de France. etc. 74 pièces de la topographie de Mathieu Mérian.

132 **Cochin** (Nicolas). Vues de Rottwel, en Souabe; Spir dans le Palatinat; Creutznach, Palatinat; Candie. 4 pièces.

Plans et Vues de Villes d'Italie, d'Espagne, de Portugal, de Turquie, du Brésil, d'Amérique, des Indes, etc., etc.

133 **Ancône.** Vue, par Van Vitelli, en 1728. Trois feuilles.

134 **Bologne.** Vue par Floriano dal Buono Bolognèse, fec. 1636. Quatre feuilles.

135 **Florence.** Ancien plan topographique en neuf feuilles, gravé dans le XVIIe siècle, sans noms, le cartouche resté en blanc. Rare.

136 Vues de Florence, gravées d'après Zocchi, n°s 1, 7, 14, 20, 21, 22.

137 **Florence**, par Michel-Angeli, arch. et peintre. Plan gravé en quatre feuilles dans le goût de Mérian. On lit : *au Palais à Paris. Paul^es^ de la Houe excudebat*, 1601. Beau et rare.

138 **Florence.** Du même. Vue gravée en Hollande, au XVIIe siècle. Quatre feuilles.

139 **Mantua.** Très-beau plan en dix feuilles, dédié à Philippe IV en 1604 : le texte en espagnol.

140 **Milan.** Église de Saint-Ambroise vue de côté et de face. 2 pièces, par Mortier.

141 **Naples.** Plan, par Alex. Baratta, en 1727, en douze feuilles.

142 Paula, ville de la Calabre, et un monument.

146 **Orvieto.** Plan par Britio en deux feuilles.

147 **Pise.** Theatrum Basilicæ Pisanæ, 1705. 13 pièces.

148 **Rome.** Très-beau et grand plan par Falda, en 1676, en douze feuilles.

149 **Rome**. Nuova pianta di Roma da G. B. Nolli, 1748, in-fol. 6

150 **Rome.** Vue prise [illegible] a Trinité-du-Mont, dessinée sur les lieux par J. Silvestre en 1687, en quatre feuilles.

151 — Saint-Pierre et le Vatican, dessiné et gravé par Silvestre en 1652. — Palais Mazarin à Rome, par Silvestre. — Campo Vaccino, par le même. Trois pièces.

152 **Rome**. Vue générale dessinée par de Linclerc, gravée par Silvestre en 1742, excudit Parisiis. I. Pierre Mariette.

153 **Rome**. Vues des villas de cette ville, par Matteo Greuter. Rome, 1620. Trois feuilles.

154 **Rome**. Vue dessinée et gravée de la Vigne Lanté, par Pierre Cauchy, peintre français, en quatre feuilles. Rare.

155 **Rome.** Les églises de Sainte-Croix de Jérusalem, de l'Annonciade, Saint-Laurent, Sainte-Marie-Maggiore, Saint-Sébastien, Saint-Jean de Latran et le Vic-Fontaine. 7 pièces.

156 **Rome.** Plan de l'église antique de Saint-Pierre, temple et grotte du Vatican en 1631; Saint-Pierre de Rome sous Paul V. 17 plans et vues du Vatican.

157 **Rome**. Intérieur du Vatican; le pape adorant le Saint-Sacrement dans la chapelle Pauline; vue de la villa Médicis sur le mont Pincio. Trois pièces par Desprez et Piranèse.

158 — Plan de la villa Adriana, par Piranèse. Six feuilles assemblées.

159 — Vues extérieures, intérieures, et plan de l'église de Saint-François d'Assise.

160 **Rome** et ses environs. Monuments antiques : Campo Vaccino, le Colisée, obélisques, machine de Zabaglia, etc. 15 pièces.

161 **Rome.** Palazzi di Roma de piv celebri architetti designati da P. P. Ferrerio, pittore et architetti. 102 pl. dessinées et gravée, par Falda, in-fol.

162 **Rome.** Jubilé de 1650, par Dominique Barrière. Carnaval pour l'entrée de la reine de Suède, par Falda. Conclave, par Fontana, sous le pontificat d'Alexandre VIII. 4 pièces.

163 **États Romains.** Bologne, Péruse, etc. 14 p.

164 **Sardaigne.** Montmélian, par R. de Hooghe, Sallenche, Bonneville, La Roche, par C. Decker. 7 pièces.

165 **Sienne.** Beau et grand plan en quatre feuilles, dédié au grand-duc de Toscane, par Vanni, peintre siennois; dans le haut de ce plan une composition mystique par ce peintre, gravé par Pierre de Jode.

166 Un second exemplaire.

167 **Venise.** Plan en trois feuilles; autre plan. Fête à Venise. 3 pièces.

168 **Vérone.** Vue de l'amphithéâtre, par Valentin Masieri, en 1696.

169 **Madrid.** Topographia de la villa de Madrid, descritta por don Pedro Texeira, ano 1656. Beau et rare plan en 10 feuilles, gravé par Savry.

170 **L'Escurial** (palais de). S. V. D. fecit. Cl. Visscher excudebat.

171 **Séville.** Vue en quatre feuilles éditées à Anvers.

172 **Burgos**, par Merian, et Notre-Dame du Mont-Serrat.

173 **Portugal** (carte de), par Jefferys. Londres, 1762.

174 **Lisbonne.** Vue de cette ville, en quatre feuilles, publiée à Anvers.

175 **Lisbonne.** Recueil des plus belles ruines causées par le tremblement de terre de 1755. Six pièces et le titre, par Blondel, architecte.

176 **Indes orientales** et îles qui en dépendent. Belle carte en neuf feuilles, Hugo Allard. Amsterdam, 1628.

177 **Angra.** Ville dans l'île de Tercère, une des Açores, dressée et gravée en 1595.

Madagascar. Plan en deux feuilles, par de Flacourt.

178 **Amérique** septentrionale et méridionale, 1746-48. Deux cartes en cinq feuilles, par Danville.

179 **Brésil.** Carte de la partie du Brésil où les Hollandais ont des établissements, par Huych Allart. Amsterdam, anno 1657, en 9 feuilles, très-bien gravées.

180 Ancienne carte marine du golfe de Mexique.

181 **Constantinople**, en quatre feuilles, Dancker exc., une feuille de texte. Vue de la même ville, par Merian; vues et plans de Sainte-Sophie. Six pièces.

182 **Maroc.** Vue de la ville, en quatre feuilles, gravée par A. Matham; Hondius, ex.

183 **Olinde.** Ville dans le pays de Pernambouc. Amsterdam, 1643, 4 feuilles. Amboine, île des Moluques. Deux feuilles.

ESTAMPES DIVERSES.

185 **Audran** (Gérard). La suite des grandes batailles d'Alexandre, le triomphe de Constantin et la défaite de Maxence. Sept estampes, une, la tente de Darius, gravée par Edelinck (il manque à cette suite le passage du Granique).

186 Les peintures de Mignard à la coupole du Val-de-Grâce, grande estampe en 6 feuilles.

187 **Beaulieu.** Prise de Philesbourg en 1644. Bataille de Nordlingen en 1645, etc. Trois très-grandes pièces en deux feuilles chaque ; elles sont gravées par N. Cochin, d'après les dessins de la Bella, et ornées de portraits par Frosne.

188 Vue de l'île de la Conférence où la paix a été conclue entre la France et l'Espagne, le 7 novembre 1659. Trois grandes pièces, par Beaulieu, et gravées par Richer et Perelle.

189 **Callot** (Jacques). Le siége de Breda en 1654, grande estampe en six feuilles. Belle épreuve avec une feuille de titre.

190 — Vues de Paris, deux pièces belles épreuves, avec l'adresse Israël Silvestre ex. C. Pr. Regis. Les supplices et la copie de l'éventail, où on lit : Jacomo Callot inv. Nanci. Quatre pièces.

191 **Crozat.** Quinze pièces d'après Raphaël et autres maîtres italiens, détachées du recueil dit : Cabinet Crozat. Belles épreuves.

192 **École italienne.** Quinze pièces d'après Michel-Ange, Raphaël et autres maîtres, détachées de la galerie Hamilton ; fac-simile de dessin et une estampe, par Dorigny, d'après Lucatellus.

193 **Gillot.** Cartouche gravé par Huquier, 32 épreuves du même; plus les missionnaires chinois, par Humblot.

194 **Hooghe** (Romyn de). Le roi d'Espagne descendant de son carosse pour rendre hommage au Saint-Sacrement. Belle et rare épreuve avant la lettre.

195 Fêtes et cérémonies en l'honneur de Léopold Ier. Neuf pièces gravées, par Romyn de Hooghe.

196 *Villa Angiana*.. .. Le parc d'Anguien dans le comté de Hainhaut. Seize pièces dessinées et gravées par Romyn de Hooghe, éditées à Amsterdam par N. Visscher.

197 **Jeaurat,** d'après Ch. le Brun. Entrevue de Louis XIV et de Philippe IV dans l'île des Faisans, en 1660; Mariage de Louis XIV et Marie-Thérèse. Deux pièces. Belles épreuves gravées en 1728 et 1731.

198 **Le Brun** (Charles). La grande galerie de Versailles et les deux salons qui l'accompagnent, dessinée par J.-B. Massé. Paris, imprimerie royale, 1752, grand in-fol., 52 pl. (manque le portrait de Massé).

199 Le grand escalier de Versailles et les plafonds des appartements. Dix-neuf pièces, d'après Ch. Le Brun et Mignard. Plusieurs de ces pièces non terminées.

— Grand escalier du château de Versailles, dit escalier des Ambassadeurs, peint par Ch. Le Brun, et consacré à la gloire de Louis XIV. Paris, Surrugue, 30 planches. — Plusieurs groupes du grand escalier des ambassadeurs. Douze pièces gravées au trait, dédiées à Hardouin Mansart, in-fol. en feuilles.

200 **Le Clerc** (Sébastien). Réduction de la ville de Marsal par le roi Louis XIV, en 1663. Belle épreuve; plus l'épreuve d'eau-forte. Très-rare.

201 Le May des Gobelins, la Prise de Mons, la Porte Saint-Antoine, 1679; les Petites Conquêtes : onze pièces; plus le titre pour le vitruve de Perrault, d'après Le Clère, par Scotin; et le titre et le texte des médailles du règne de Louis XIV.

202 Histoire de Charles de Lorraine, batailles, fleurons, lettres ornées, etc. 86 pièces, par S. Le Clerc.

203 Représentation des machines qui ont servi à élever la grand pierre du Louvre. Très-belle épreuve avec le nom de Goyton renversé. Rare.

204 Le Roi visitant le Jardin des Plantes, titre pour l'histoire des plantes, par Dodart. Deux épreuves, une avec le nom de Goyton, avec toute marge.

205 Les Animaux, 41 planches, plusieurs par S. Le Clerc; mémoires pour servir à l'histoire des plantes, par Dodart. Paris, imprimerie royale, 1676. Texte, le titre et deux vignettes par S. Le Clerc.

206 Les Grandes Conquètes de Louis XIV, 14 pièces. Belles épreuves.

207 **Le Pautre** sculpsit. Pièces d'artillerie qui ont été fondues pour le service du roi, dans la grande fonderie de l'arsenal de Paris, par Keller.

208 **Lucas Longhi** illustrato dal conte Allessandro Cappi. Ravenna, 1853 à 1854, 12 livraisons in-fol., fig. sur papier de Chine.

209 **Martin le jeune.** Batailles des Russes et des Suédois en 1709. Deux pièces gravées par Simonneau et Larmessin.

210 **Mitelli** (Joseph-Marie). Son œuvre : gravé à l'eau-forte, sur ces dessins et ceux d'Augustin Mitelli, son père, représentant des caricatures, diverses espèces de jeux, des proverbes, les métiers et cris de Bologne, les mois de l'année, scènes de la vie humaine, scènes de comédie, la vie du Poltron, diverses processions et cérémonies, alphabet, etc., et aussi d'après des tableaux de divers grands maîtres. Toutes ces pièces gravées de 1760 à 1709. *Bartsch*, *vol.* 19, *p.* 269, dit, en tête du catalogue de l'œuvre de ce maître : « Nous ne saurions déterminer au juste le nombre des pièces gravées par J.-Marie Mitelli ; celles dont nous donnons le détail montent à 162, mais elles ne semblent pas constituer l'œuvre complet de notre artiste. » En effet, ce nombre est bien au-dessous de l'œuvre que nous possédons, qui se compose de près de 400 pièces, dont plusieurs suites ne sont pas citées par Bartsch ni par Huber. Cet œuvre, qui paraît avoir été formé par le peintre lui-même, est peut-être unique ; on y a joint les pièces gravées d'après lui et d'après son père, Augustin Mitelli, et des suites de cartouches et caissons et plafonds de l'invention de Domenico Santi, peintre de Bologne, de 1679 à 1694, et gravés par Mathioli (Bartsch ne cite pas ces suites dans l'œuvre de Louis Mathioli) ; toutes ces pièces, au nombre de 600, sont collées dans un vol. grand in-fol. obl. maximo. Recueil curieux et très-rare.

211 Un jeu de cartes de tarots, 62 figures d'armoiries au recto et verso, gravées en bois.

212 Larti Pervia J. Mitelli. 40 pièces à l'eau-forte.

213 Le jeu de cartes de tarot, quatre planches contenant 10 figures; elles sont ici coupées et collées sur carte en 40 pièces dans un étui.

214 Un autre jeu de cartes appelé tarocchi ou tarot, en 62 figures, non décrit par Bartsch; il est collé sur carte.

215 — Les mois de l'année, figures grotesques, suite de douze pièces.

216 Diversi Giucchi del Mitelli. Diverses espèces de jeux; seize pièces gravées à l'eau-forte.

217 L'utile col diletto o sia geographia intreciatta nel giuoco de tarocchi con le insegne dal' illustrissimo ed eccelsi signori Gonfalonieri ed anziani di Bologna dal 1670 sino al 1725. Bologna, 1725, in-12, fig., demi-rel.

218 Cartouches gravés à l'eau-forte, par J.-M. Mitelli, d'après Augustin Mitelli; 24 pl. et le titre.

219 Le ventiquattre hore dell' humana felicita, inv., dess. et grav. par J. Mitelli, de Bol., 1675, in-fol. cart., 25 pièces et 2 titres. Bartsch ne cite cette suite que d'après le manuel d'Huber, sous le titre des Vingt-quatre heures du bonheur humain; il la dit très-rare.

220 Maria Vergine coronata dall' illustrissima e nobilessima citta de Reggio. In-fol., fig., par Mitelli (solennité faite à Reggio le 13 mars 1674).

221 **Mitelli** (d'après Augustin). Colonnades et plafonds; 10 pièces par Antonio Chiarini.

222 Douze coiffures bizarres; un cahier.

223 **Picart** (Bernard). Recueil de plusieurs estampes d'après les tableaux conservés dans les appartements des diverses maisons royales de France, mis au jour par Bernard Picart. 1710, in-fol., 16 pl.

224 **Poilly** (Jean-Baptiste). Les quatre saisons, gravées d'après les peintures de Mignard dans le palais de Saint-Cloud ; quatre très-belles épreuves avec l'adresse de Poilly à la belle image.

225 Peintures de Mignard au palais de Saint-Cloud; cinq pièces gravées par Poilly et Jean Audran. Belles épreuves.

226 **Rubens** (la [illegible] de), dessinée par Nattier et gravée par les plus habiles graveurs du temps ; 25 pièces. Belles épreuves avant les numéros.

227 Treize pièces du même ouvrage. Belles épreuves avant les numéros.

228 **Van der Meulen** (d'après). Campagne de Louis XIV, 23 pièces gravées par Baudouin, Bonnart et Huchtenbourg. Très-belles épreuves.

229 — Marche du roi accompagné de ses gardes, passant sur le Pont-Neuf et allant au palais. Belle pièce gravée par Huchtembourg.

230 — Entrée du Roi dans Dunkerque, gravé par R. de Hooghes. Van der Meulen ad viuum delineavit. Très-belle épreuve.

231 Louis XIV en promenade dans la forêt de Fontainebleau. Belle épreuve avant la lettre.

232 Freggi dell' architetura da Domenico Bonaveri ; 24 feuilles d'arabesques.

233 Bibliothèques célèbres dont celle Bodleiana à Oxford, de Sainte-Geneviève et du Vatican ; 14 pièces.

234 Bibliothèque de Vienne en 1737 ; 13 pièces et le texte.

235 **Auguste Bastard.** Copies de manuscrits français des VIIIe et IXe siècles ; 13 grandes pièces coloriées, plus un fac-simile de manuscrits de la paléographie de Silvestre.

236 **Dusommerard.** Les arts au moyen âge ; 40 pièces détachées de l'ouvrage, plusieurs coloriées; plus 6 pièces détachées des monuments français, inédits, par Willemin. Épreuves coloriées.

237 Festiva ad capita annulumque.... Fête donnéé par Louis XIV en l'année 1662. Texte en latin par Ch. Perrault. Paris, Typographie Royale, 1760. Gr. in-fol. en feuilles. Ce vol. fait partie du cabinet du roi.

238 Almanach de 1788, grande estampe avec les armes de tous les souverains et princes allemands, dédié à l'archevêque de Cologne, Maximilien François.

239 Le Fleuron royal de l'auguste maison de Bourbon, armorial de deux feuilles par le sieur Megret en 1652. A Paris, chez Anthoine de Fer, marchand de tailles-douces en l'île du Palais, 1662. Rare. Armorial français par Henri Chesneau. 2 p.

240 Huit pièces diverses par Kilian et autres, dont la Bataille de Lépante en 1571, Fontaine de Bologne, etc.

241 Divers saints d'après Bloemaert. Et autres. 15 p.

242 Vases grecs et étrusques. 40 planches gravées en 1816 par Clener.

243 Monuments divers, Tombeaux, Vignettes, etc. 46 p.

244 Diverses Vues, Vignettes, etc. 44 p.

245 Tableaux de signaux maritimes, de correspondance, par de Beaurain, 1760.

246 Topographie de Merian, 16 titres gravés sur cuivre, par Mathieu Merian.

247 Atlas cœlestis by John Flamsteed, célèbre astronome anglais, professeur royal d'astronomie établie à Grenwich. London, 1729. 27 cartes et 9 feuilles de texte, et le titre avec une vignette gravée par Louis du Guernier. In-fol. Rare.

248 Atlas de Silesiæ ab Homanianis Heredibus. Norimbergæ, 1750. En 22 feuilles. Rare.

PORTRAITS FRANÇAIS

par Edelinck, Drevet, Nanteuil, Vanschuppen et autres Graveurs français célèbres.

249 **Audran** (Benoît). Fénelon, d'après Vivien.

250 **Chereau** (Jacques). Jeanne d'Aragon, d'après Raphaël.

N. de Larmessin. Adolphe de Vignacourt, épreuve avant la lettre. Portrait de Louis XIV à différents âges, épreuve avant la lettre. 3 p.

251 **Delft**. D'après Mirevelt. Huit portraits des comtes et comtesses de Nassau, 1630 à 1638. Plus deux portraits par Hondius, d'après Maes et Mytens.

252 **Delft**. Ernest de Nassau, d'après Mirevelt.

253 **Drevet**. Portrait en pied de Bossuet, d'après Rigaud. Belle épreuve rognée. Encadré.

254 — René de Beauveau, 1727. Belle épreuve. Encadré.

254 bis. — Autre portrait d'archevêque, épreuve rognée. Don Denys de Sainte-Marthe. Deux portraits encadrés.

255 — De Brianville, de Verthamont, H[te] de Bethune, Felibien, Denys de Sainte-Marthe. Cinq portraits, théologiens et évêque.

256 — Denys de Sainte-Marthe, Louis de la Bourdonnais, Alexis Millon, trois portraits, le dernier par Claude Drevet. Belles épreuves.

257 — De Tressan, archevêque de Rouen, d'après Vanloo. Pièce dite le grand breviaire, gravé par Drevet.

258 **Edelinck.** Saint-Ambroise, Saint Anastase, Dom Barthelemy, Saint Bazile et Saint Grégoire, Faure, abbé de Sainte-Geneviève, et Madame de Miramion. 6 portraits.

259 — Pascal, N. Coeffeteau, Jean de la Quintinerie, d'Herbelot, G. du Vair, Jean Gassion. 7 portraits. Belles épreuves.

260 — Ide Tourreil, Ch. Faure, Fléchier, Mme de Miramion, J. Baillet, F. Ximenes, 6 p., les deux dernières par N. Edelinck.

261 — Bertier, 1677. Belle épreuve.

262 — Brulard de Sillery, d'après Rigaud. Belle épr.

263 — Marcelin de Coetlogon, 1685.

264 — César d'Estrée, 1698, d'après de Troyes. Belle épreuve.

265 — Daniel Huet, évêque d'Avranches, d'après Rigaud. Belle épreuve.

266 — Duc de Noailles, maréchal de France Belle épreuve.

267 — Mathieu Savary, évêque de Seez. Belle épreuve.

268 **Grignon** (Jean). Armand de Mouchy d'Hoquincourt, évêque, d'après Lefébure; F. Malier, évêque. 2 pièces. Belles épreuves.

269 **Harman Muller** exc. Maurice, Cte de Nassau. Autre portrait d'un Nassau, belle épreuve, signée de Mariette, 1670. Elle est rognée.

270 **Huret** (Grégoire). Le Maréchal de Guébriant, portrait équestre.

271 **Larmessin** (Nicolas de). Le Cardinal de Polus, d'après Raphaël, Duguay-Trouin. 2 p.

272 **Lasne** (Michel). Pierre Saxius, N. Richelet, Fr. de l'Hôpital, Regnauldin, Simon de Muis d'Orléans, etc. 10 portraits, de ce nombre un par Ragot.

273 **Lenfant.** De la Vergne de Tressan, évêque, 1672. H. de Laval, évêque de La Rochelle, 1660. Deux pièces belles épreuves.

274 **Lombart** (Pierre). Henri Armand, évêque. Très-beau portrait.

275 **Masson** (Antoine). Louis Henri de Gondrin, 1673, avant Desrochers exc. — Louis Abelly. 3 p. Belles épreuves.

276 — Portrait de la duchesse de Guise, d'après Mignard, 1684. Belle épreuve avant le lapin.

277 — Cardinal de Forbin-Janson, 1672. Belle épr.

278 — François Favre, évêque d'Amiens. *Ant. Masson ad annum pingebat sculpebat Parisijs* 1686. Belle épr. non décrite mais citée. Rare.

279 **Mellan.** Bentivoglius. De Ventadour, archevêque de Bourges.

280 **Morin**. Pierre Camus, F. Pottier, Duc de Guise. Belles épreuves. Trois portraits d'après Champagne et Citermans.

281 **Morin**. Don Tarisse. Encadré.

282 **Nanteuil** (Robert). Michel Amelot, archevêque de Tours (20 Robert-Dumenil, 4e vol.).

283 — Anne d'Autriche (22).

284 — Auvry, évêque de Coutance (26). Belle épreuve du 1er état. Rare.

285 — Barberin, archevêque de Tours (30).

286 — Duc de Beaufort (30). Très-belle épreuve du 1er état.

287 — Beaumanoir de Lavardin (35). Belle épreuve du 1er état.

288 — Blanchart, abbé de Sainte-Geneviève (39). Belle épreuve du 1er état.

289 — Bosquet, évêque de Montpellier (44).

290 — Bossuet, évêque de Condom (45). Belle épreuve du 1er état.

291 — Castelnau, Maréchal de France (58). État non décrit avec la date de 1658.

292 — Bouchu, abbé de Clairvaux (47). Encadré.

293 — Victor Le Bouthillier (56). Très-belle épreuve.

294 — Clermont-Tonnerre (68), évêque de Noyon, 2e état.

295 — Le prince de Condé (79). Belle épreuve.

296 — Doni d'Attichy, évêque d'Autun (83).

297 — Colbert, archevêque de Rouen (78). Belle épreuve du 1er état. Encadré.

298 — César d'Estrée, cardinal (92).

299 — Basile Fouquet (97). Belle épr. d'un état non décrit. On lit : 8 J. 1659.

300 — Président Jeannin (112).

301 — Claude Joly, évêque d'Agen (113). Belle épr. du 1er état.

302 — Denis de la Barde, évêque (115).

303 — Charles de la Meilleraye, maréchal de France (118). Superbe épr. d'un état non décrit avant le guillemet.

304 — Guebriant, maréchal de France (104).

305 — Lionne, abbé de Marmoutier (147). Belle épr. du 1er état. Encadré.

306 — Phelypeau de la Vrillière (123). Belle épreuve.

307 — Michel Le Tellier (128).

308 — Maurice Le Tellier (141). Belle épreuve du 1er état.

309 — De Ligny, évêque de Meaux (144). Belle épr.

310 — Matignon, évêque de Lisieux (172). Belle épr.

311 — Marolle, abbé de Villeloing, grand curieux d'estampes (171). Belle épr. du 1er état.

312 — Maupeou, évêque de Chalon-sur-Saône (173).

313 — Le cardinal Mazarin (185).

314 — Montpezat de Carbon, archevêque de Bourges (196). Belle épr. du 1er état.

315 — Duc de Nemours (198).

316 — De Neufville, évêque de Chartres (203). Belle épreuve.

317 — Le même personnage (204). Belle et rare épr. du 1er état.

318 — Servien, évêque de Bayeux (225). Belle épreuve du 1er état.

319 — De Suze, évêque de Viviers (227). Belle épreuve du 1er état.

320 — Perefixe (214). Belle épreuve du 1er état.

321 — Turenne, maréchal de France (232).

322 — Pierre de Bonzy (nº 1 de l'Appendice).

323 — Quatre portraits par Nanteuil, rognés de leurs marges. Ils sont encadrés.

324 — Marc Vulson de la Colombière, d'après Nanteuil, par Regnesson. Belle épreuve.

325 **Plate-Montagne**, 1661. Portrait du cardinal de Berrulle. Encadré.

326 **Poilly** (F. de). Louis XIV, d'après Mignard, 1660. Belle épreuve.

327 **Poilly** (François). Bossuet, évêque de Condouin, d'après Mignard, 1673. — Gabriel de Beauvais, évêque de Nantes. 2 pièces. Belles épreuves.

328 **René Lochon**. Charles de Bourbon, évêque. — Jacques de Thou, d'après Dumoustier.

3[illegible] **[illegible]oullet**. Christ mort, d'après le tableau d'Annibal Carrache, chez le comte de Carlisle. Encadré.

330 **Simon, 1608.** Frère Fiacre de Sainte-Marguerite, Godet des Marais, Hyacinthe Serroni, archevêque; N. Cherron Parisien, abbé de Chalade. Quatre portraits.

331 **Vallet** (Guillaume). Du Guemadeuc, évêque. — François Léoménie de Brienne. 2 pièces. Belles épreuves.

332 **Vanschuppen** (Pierre). Louis XIV, d'après Lefèvre, 1670. Louis Thomassin, d'après J. Vanschuppen, 1694. 2 portraits encadrés.

333 — Armand de Simianes, 1669. — Fr. de Harlay, archevêque de Rouen, 1659. — Pierre de Monchy. 4 pièces. Belles épreuves.

334 — Michel Le Pelletier, d'après Largillière. — Pierre de Marca, archevêque parisien. — Lefèvre de Caumartin. — Jean de Verjus. — Le Roy David. 5 pièces.

335 Portrait de Vandermeulen, d'après Largillière. Belle épreuve avec l'adresse à Paris, chez Vanscuppen.

336 **Vermeulen** (C.) Nicolas Catinat, maréchal de France. Belle épr.

337 — Cromwel, Jacob Sirmondi, Louis de Clermont, évêque, et Hubert Jaillot, géographe. Quatre portraits. Belles épreuves.

338 — Henri IV, Charles de Bourbon, duc de Guise, cardinal Dossat, Juste Lipse, Gamache, S. Rouillard, Vallé, F. Morellus, etc. 10 portraits par Thomas de Lue, et Léonard Gaultier. Plus l'Adoration des Rois et l'Assomption de la Vierge, par Léonard Gaultier.

339 — Stanley, par Faithorne: Dugdale, par Hollar, 1656; Briant Valton, par Lombart, 1657. 3 pièces.

340 — Descartes, par Fiquet; Le Nain de Tillemont, par Simonneau; Arnaud, par Massard, et deux autres portraits. Cinq portraits encadrés.

341 — Portraits de divers personnages de tous états gravés par Bernard Picart, Audran, de La Haye, Saint-Aubin, Daullé, etc.

342 — Tristan l'Ermite; comte de Saint-Aignan; Duvergier de Hauranne, d'après Dumoustier. 3 pièces par Daret. Comte de Rantzau, maréchal de France, par Rousselet; Baptiste Tavernier, baron d'Aubonne, par Hainzelman. 6 pièces.

343 Papes, archevêques, évêques, grands dignitaires de l'église. 47 portraits.

344 — Ecclésiastiques, théologiens et légistes français. N. Le Camus; Camille de Neufville, archevêque; Claude Molinet; F. Menestrier; l'abbé de Rancé; Benoît Brachet; Armand de Béthune; Pierre Mayeur; Et. Le Camus. 9 portraits gravés par Crespy, De

Larmessin, Jollain, Gantrel, S. Thomassin, Trouvain, Tardieu, etc.

345 — Hommes d'église, théologiens, pasteurs, ministres protestants, etc. 52 portraits.

346 — Rois et reines de France pour l'histoire de France de Mézeray. 39 pièces.

347 — Légistes, philosophes, littérateurs, etc. 36 portraits.

348 — Hommes de guerre, philosophes, etc. 40 portraits.

349 — Hommes illustres des suites de Desrochers et Odieuvre. 32 pièces.

350 — Portraits des suites de Daret, Montcornet et Larmessin. 21 pièces.

351 — Portraits par des graveurs modernes. 53 pièces.

352 — Les articles omis et quelques portefeuilles.

AUTOGRAPHES.

Toutes les lettres autographes de ce Catalogue ont une véritable importance au point de vue de l'érudition : elles sont relatives à l'histoire civile et ecclésiastique, particulièrement de la France. Les analyser nous aurait semblé fastidieux. Les noms des savants hommes qui les ont écrites ou à qui elles sont adressées sont une garantie de l'intérêt de leur contenu. On n'a jamais vu, d'ailleurs, passer en vente publique une semblable collection d'autographes de nos laborieux bénédictins : c'est une bonne fortune unique pour les amateurs.

1. **ANDRÉ DE SAINT-NICOLAS** (Frère), religieux Carme, né à Remiremont, mort dans la ville de Besançon, dont il a écrit l'histoire.
   L. aut. s.; Clermont, 1682, 4 p. pl. in-4.—Détails historiques.
2. **ARBOUSE** (Marguerite *Veny* d'), abbesse et réformatrice de N.-D. du Val-de-Grâce, morte en odeur de sainteté en 1616.
   Procès-verbal de l'ouverture de son cercueil, d'où l'on a extrait son cœur pour l'enchâsser dans un cœur d'argent; abbaye royale du Val-de-Grâce, 22 janvier 1790, 1 p. in-4. Cette pièce est signée de Jean *Guglar*, chapelain, et des chirurgiens *Morisot de Bondy* et *Caron.*
3. **ARCHEVÊQUES et ÉVÊQUES.** Quatre lettres aut. sig.
   Charles, archevêque d'Alby, à Mabillon, 1691. 4 p. in-4. — *Henri*, évêque de Luçon, à Mabillon, 1698. 1 p. in-4, cachet. — *Nicolas*, évêque de Luçon, à d'Achéry. 1 p. in-8. — *François*, évêque de Toul, 1707. 2 p. in-4.
4. **ARNAULD** (Ant.), docteur de Sorbonne.
   Billet aut. 1 p. in-8. Pièce doublée.
5. **BALUZE** (Étienne), historien et généalogiste.
   L. aut. s., 28 février 1684. 2 p. 1/4 in-4. — Envoi de notes sur les conciles d'Espagne.
   LE MÊME.
   L. aut. s., 29 avril 1681. 2 p. 1/4 in-4.
6. **BIGOT** (Émery), érudit, né à Rouen.
   Cinq l. aut. s. à Mabillon, 1670-80. 12 p. in-8.
7. **BOILEAU** (Jacques), auteur de *l'Histoire des Flagellants.*
   L. aut. s. à l'évêque de Châlons-s.-S. Paris, 16 octobre 1701. 2 p. pl. in-4. cachet.

LE MÊME.

L. aut. s. à Mabillon. Sens, 27 mars 1685. 3 p. in-4, cachet. — Il consulte Mabillon sur divers manuscrits concernant l'Eucharistie.

8. **BOUHIER** (Le président Jean), de l'Acad. fr.

L. aut. s. 1 p. in-4.

9. **BRISACIER** (Jacq.-Charles de), directeur des Missions étrangères.

L. aut. 10 février 1712. 3 p. in-8.

10. **CARDINAUX.** Neuf lettres aut. sig.

Aguire (Jos. d'). Deux lettres en latin à Mabillon. Rome, 1686-8. 4 p. in-4° ou in-fol. — *Alsace* (d'). Bruxelles, 1731. 3 p. in-4. — *Barbarigo*. Lettre en italien à Mabillon. Rome, 1690. 2 p. in-4. — *Colloredo*. Lettre en italien à Mabillon, 1689. 2 p. in-4. — *Noris*. Lettre en italien à Mabillon. Florence, 1690. 2 p. in-4, cachet.

11. **CASANATE** (Le cardinal Jérôme), camérier de Léon X, bibliothécaire du Vatican.

Deux lettres aut. s., en latin, et en italien, à Mabillon. Rome, 4 janvier 1689-90. 4 p. in-4, cachet.

12. **CENNI** (Jacques-Marie), littérateur et célèbre improvisateur italien.

L. aut. s. en latin à Mabillon. Lucques, 15 mars 1687. 3 p. in-4.

13. **CHASTELAIN** (Claude), chanoine de Paris, liturgiste érudit.

L. aut. s. à Mabillon. Au cloître Notre-Dame, 25 février 1685. 4 p. pl. in-4. — Curieuse lettre relative à diverses coutumes de l'Église.

14. **CIAMPINI** (Jean), littérateur et critique italien.

Trois lettres s., en latin, à Mabillon. 1690-91. 8 p. in-8 ou in-4.

15. **DIVERS.** Six lettres aut. sig.

Ambroise (F.). A Michel Germain. Rome, 1687. 3 p. pl. in-4, avec un dessin au crayon.—*Bouchet*, abbé de Clervaux. 14 février 1707. 3 p. in-4. — *Faure* (A.). A Mabillon, 1685. 2 p. in-4, cachet. — *Galta* (Erasme de), moine du mont Cassin. Trois lettres en italien. Mont Cassin, 1689-1706. 8 p. in-4.

16. **DIVERS.** Quatre lettres aut. sig.

Galz (Th.) Lettre en latin à Mabillon. Londres, 1687. 2 p. in-4. — *Hergoff* (P. Marquardus). A Martène. 1722. 2 p. in-4, cachet. — *Lebrun* (J.-B.), acolyte indigne. A Mabillon, 1683. 2 p. 1/2 in-12 cachet. — *Le Laboureur* de Saint-Denis. A Mabillon. Strasbourg, 1704, 2 p. in-4, cachet.

17. **DIVERS.** Sept lettres aut. sig.

Lecouteulx (Charles). Trois lettres à Léon Levasseur. En Chartreuse, 1687. 7 p. in-4, plus 2 p. aut. s. de Levasseur. — *Marcès* (Étienne de). A d'Achéry. 1 p. in-4, cachet. — *Monnier* (Hilarion). Deux lettres à Mabillon. Besançon, 1702. 13 p. in-4 ou in-8. — *Rassler* (Maximilien), en latin. Trente, 1698. 3 p. in-4.

18. **DIVERS.** Quatre lettres aut. sig.

Thomasius (Jos.-Marie). En latin, à Ruinart. 1695. 4 p. in-4. — *Benoît*, capucin de Toul, historien de cette ville. A Mabillon. 1 p. in-4. — *Vacquerie* (Ant. de *La*). A Hugues Ménard. Noyon, 1643, 1 p. in-fol. — *Boin* (de). A Mabillon. 1698. 2 p. 1/2 in-4.

19. **DIVERS.** Quatre lettres.

Annisson, célèbre imprimeur. L. aut. s. à Mabillon. Lyon, 1686. 2 p. in-4. — *Cosme III*, grand-duc de Toscane. L. s. à Mabillon. 1696. 1 p. in-fol, cachet. — *Louis-Philippe Ier*, roi des Français. Lettre close signée. 1831. 1/2 p. in-4.—*Montalembert* (le comte de), de l'Académie française. L. aut. s. 1850, 1 p. in-8.

20. **DROUET DE MAUPERTUY** (J.-B.), savant religieux de l'abbaye de *Sept-Fons*, dont il a écrit l'histoire.
L. aut. s. (à dom Ruinart). Sept-Fons, 1700. 2 p. in-4.— Relative à sa traduction des *Actes des Martyrs* publ. en latin par dom Ruinart.

21. **DU CANGE** (Ch. *Dufresne*, sieur), savant philologue et historien.
1° L. aut. s. à dom Ruinart. 3/4 de p. in-8, cachet.
2° Fin de lettre aut. s. 1 p. in-4.

22. **DUGUET** (J.-Jh.), théologien et moraliste, né à Montbrison.
L. aut. s. à dom Ruinart. 2 p 1/2 in-4.

23. **DUPIN** (L. Élie), célèbre écrivain ecclésiastique, né en Normandie.
L. aut. s. 1 p. in-8.

24. **FABRETTI** (Raphaël), habile antiquaire, préfet des archives du château Saint-Ange.
Deux lettres aut. s., en italien, à Mabillon. Rome, 1687. 5 p. in-4. Cachet. L'une de ces lettres est tachée d'huile.

25. **FÉNELON**, illustre archevêque de Cambrai.
L. aut. s. *l'abbé de Fénelon, n. arch. de Cambrai*, au révérend Père...Versailles, 10 février. 2 p. 1/2 in-4.
Nommé archevêque de Cambrai, il conserve néanmoins, d'après la volonté du roi, son titre de précepteur des princes.

26. **FLÉCHIER** (Esprit), évêque de Nîmes, illustre orateur chrétien.
L. aut. s. à dom Mabillon. Nismes, 2 mai 1698, 3 p. in-8.
Félicitations au sujet du livre de Mabillon *Culte des saints inconnus*. « Il y avoit longtemps que je souhaitais qu'on abolît certaines superstitions qui s'introduisent en faveur de ces corps qu'on appelle saints, et qui n'ont peut-être jamais été baptisés. Les peuples sont naturellement crédules ; la cour de Rome est quelquefois bien libérale de tels présents... »

27. **FLEURY** (Claude), historien ecclésiastique, de l'Acad. fr.
L. aut. s. à dom Ruinart. Versailles, 8 février 1698, 1 p. pl. in-4, cachet.
Il exprime ses regrets sur la mort de *Lenain de Tillemont*, dont les manuscrits ont été remis aux Bénédictins, chargés d'en continuer l'impression.

28. **FONTANINI** (Juste), archevêque d'Ancyre, savant littérateur et antiquaire italien.
Quatre l. a. s., en latin, à Mabillon et Massuet. 1704-13, 11 p. petit in-4, plus 1 l. s.

29. **HÉLYOT** (Pierre), historien des ordres monastiques.
L. aut. s. *F* (frère) *Hippolyte Hélyot*, à dom Massuet. A Picpus, 29 décembre 1711. 3 p. in-4.
Note sur la congrégation de *Saint-Sperandius*.

30. **HENSCHENIUS** (Godefroy), savant jésuite, l'un des éditeurs des *Acta sanctorum*.
Deux lettres aut. s. à Mabillon, 1670. 2 p. in-4.

31. **LA MARE** (Philibert de), savant historien de la Bourgogne, né à Dijon.
L. aut. s., en latin, à Jean de Lannoy. Dijon, 1630, 2 p. 3/4 in-fol. *Belle pièce.*

32. **HUET** (Daniel), évêque d'Avranches, de l'Acad. fr.
L. aut. s. à dom Belaise Paris, 10 janvier 1707, 3 p. pl. in-4, cachet *Jolie lettre.*

33. **LANNOY** (Fr.-J. de), religieux de Cîteaux.
Seize lettres aut. s. à Mabillon et d'Achéry. Cîteaux, 1664-75, 36 p. in-4. cachet.

34. **LEBEUF** (L'abbé Jean), chanoine d'Auxerre, savant écrivain sur l'histoire de France.
L. aut. s., 6 août 1724, 4 p. pl. in-4.
Renseignements curieux sur les bréviaires de diverses églises, et sur la soutane violette des chanoines.

35. **LECAMUS** (Étienne), cardinal, évêque de Grenoble.
Deux lettres aut. s. à Mabillon. 1695, 2 p. in-4. Cachet.

36. **LECOINTE** (Charles), savant oratorien, né à Troyes.
L. aut. s. à Luc d'Achery, 1667. 2 p. in-4; le second feuillet doublé.

37. **LEIBNITZ** (Godef-Guill. de), illustre philosophe.
L. aut. s. à Mabillon. Hanovre, 14 avril 1687, 3 p. in-8.

38. **LEMAISTRE** (Antoine), éloquent avocat et célèbre écrivian de Port-Royal.
L. aut. à d'Achery. 14 octobre 1658, 1 p. 1/2 in-4.

39. **LE TELLIER** (Ch.-Maurice), archevêque de Reims.
Quatre lettres aut. s. à Mabillon. 1686 et 1704, 4 p. 1/2 in-4.

40. **LOMÉNIE** (H. Louis de), comte de Brienne, secrétaire d'État, prêtre de l'Oratoire, poëte, ami de *La Fontaine*.
L. aut. s. Vendôme, 17 avril 1665, 4 p. in-4. Jolie lettre.

41. **MAGLIABECCHI** (Antoine), un des hommes les plus érudits de son temps, bibliothécaire de Cosme III.
Quarante-trois lettres aut. sig. en italien, à Mabillon et à Ruinart. Florence, 1682-1705, in-4 et in-8.

42. **MARLOT** (Guillaume), grand prieur de Saint-Nicaise de Reims.
L. aut. s. à d'Achery. Reims, 8 janvier 1655, 2 p. in-4.
Belle lettre relative aux archevêques de Reims.

43. **MAROLLES** (Michel de), abbé de *Villeloin*, traducteur fécond, né en Touraine.
L. aut. s. à dom Gab. Gerberon ; Paris, 25 juillet 1676, 2 p. 1/2 in-4. *Rare.*
Toute relative à une relique de la robe de N.-S., qui se trouve au monastère d'Argenteuil.

44. **ORVAL** (Charles-Henri de *Bentzeradt*, 4e abbé d'), réformateur de Cîteaux.
L. aut. s. à Mabillon. Du désert d'Orval, 7 août 1690, 3 p. in-4. cachet.

45. **OUDIN** (Casimir), savant bibliographe, né à Mézières.
L. aut. s. à Mabillon. Cœuilly, 1681, 1 p. in-4. Cachet.

46. **PAPEBROCH** (Daniel), savant jésuite, éditeur des *Acta sanctorum*.
Dix lettres aut. s. en latin, à Mabillon, 1663-83, 12 p. in-4, cachet.

47. **PERTH** (Jacques Drummond III, duc de), grand chancelier d'Écosse.
Deux lettres aut. s. au révérend Père... Rome et Saint-Germain, 1695-1703, 5 p. in-4.

48. **POUGET** (Antoine), habile mathématicien, né dans le diocèse de Béziers.
L. aut. s. à Dom Guillot. Saint-Germain des Prés, 1695, 1 p. in-4, cachet.

49. **POUSSINE** (Pierre), jésuite, helléniste, érudit, né à Narbonne.
Lettre aut. s. en latin. 1663, 3 p. in-4.

50 **RAGUET** (L'abbé Gilles-Bern.), savant littérateur, l'un des précepteurs de Louis XV.
L. aut. sig. Valogne, 1695, 2 p. in-4.

51. **RANCÉ** (A.-J. Lebouthillier de), réformateur de la Trappe.
L. sig. 15 avril 1699, 2 p. in-8.

52. **RENAUDOT** (L'abbé Eusèbe), savant écrivain ecclésiastique, de l'Acad. fr.
L. aut. sig. à Mabillon. 8 août 1685, 3 p. in-4. *Belle lettre.*

53. **RICHELIEU** (Le cardinal de), illustre ministre de Louis XIII.
L. sig. aux R. Pères de la Congrégation de Saint-Maur. 12 novembre 1627, 1 p. pl. in-fol., cachets et soies.
Il leur donne avis de l'arrêt du parlement de Rennes qui autorise les religieux de Saint-Mélame à se réunir à la congrégation de Saint-Maur, voulant, par ce moyen, diviser celle de Bretagne, dont il a plû au roi le nommer protecteur.

54. **SCHELSTRATE** (Em.), bibliothécaire du Vatican.
Trois l. aut. sig. en latin, à Mabillon. Rome, 1682-87, 4 p. in-4.

55. **SCHANNAT** (J.-Fréd.), célèbre historien allemand.
Deux l. aut. à Mabillon, Fulde, 1722, 7 p. in-4.

56. **SERGARDI** (Louis), un des meilleurs poëtes latins du XVIIe siècle.
L. aut. sig. en latin. Rome, 25 avril 1690, 4 p. in-4.

57. **THIERS** (J.-B.), auteur de curieuses dissertations sur les pratiques de l'église, né à Chartres.
L. aut. sig. à Mabillon. Champroud, 8 novembre 1677, 1 p. in-4. *Rare.*

58. **TISSIER** (Bertrand), religieux de la congrégation de Cîteaux, historien de son ordre.
L. aut. sig. à D. Luc D'Achery, 1664, 2 p. 1/2 in-4.

59. **VALOIS** (Adrien de), historiographe de France.
L. aut. sig. à Mabillon. Paris, 30 novembre 2 p. 1/2 in-4, cachet. Longs détails relatifs à l'histoire de France.

60. **VILLEFORT** (Jos.-Fr. de), de l'Acad. des Inscriptions, auteur des *Vies des Pères des déserts.*
L. aut. sig. à dom Ruinart, 1 p. in-8.

Bénédictins de la Congrégation de Saint-Maur.

61. **ACHÉRY** (Luc d'), l'un des religieux les plus érudits de son ordre.
Quatre lig. aut. sig. au bas d'une note de Valois le Jeune sur le lieu de la sépulture de Du Guesclin ; Saint-Germain des Prés, 1663, 1 p. in-4.

62. **ADAM** (Calliste).
Quatre l. aut. sig. à D'Achéry. Rome, 1651-4, 14 p. in-4, cachet.

63. **BASTIDE** (Philippe), auteur d'*Opuscules* mentionnés dans la *Bibliothèque* de dom Lecerf.
L. aut. sig. à Mabillon. 3 mars 1672, 1 p. in-4, cachet.

64. **BAUGENDRE** (Antoine), bibliothécaire de Saint-Germain des Prés.
L. aut. sig. à Luc d'Achéry : Reims. 6 mai 1665, 2 p. in-4, cachet.

65. **BELLAISE** (Julien), né à Saint-Symphorien (Manche).
L. aut. sig. à Mabillon. Conches, 12 août 1687, 3 p. in 4, cachet.

66. **BOUGIS** (Simon), général de son ordre.
L. aut. sig. Paris, 1707, 1 p. in-4.

67. **BRETAGNE** (Claude de), auteur des *Méditations sur les principaux devoirs de la vie religieuse*, né à Semur.
Deux l. aut. sig. à Luc d'Achéry, Dijon, 1654-63, 2 p. 1/2 in-4, cachet.

68. **CHANTELOU** (Claude), auteur de la *France bénédictine*, né à Vion (Sarthe).
L. aut. sig. à Luc d'Achéry. Lévière, 1655, 1 p. pl. in-4.

69. **DELFAU** (François), auteur de *l'Abbé commandataire*, ouvrage pour lequel il fut exilé, né en Auvergne.
L. aut. sig. à Mabillon, 31 août 1668, 1 p. in-4, cachet.

70. **DURAND** (Jean), procureur général de sa congrégation, prieur de Saint-Nicaise de Reims, éditeur des *Œuvres de saint Augustin.*
Quinze l. aut. sig. à Mabillon; Rome, 1685-87, 29 p. in-4.
Deux de ces lettres sont accompagnées de réponses aut. sig. de Mabillon, et 5 autres de réponses aut. du même.

71. **ESTIENNOT** (Claude), savant écrivain et antiquaire, né à Varennes.
Trente-huit lettres, dont trois aut. sig., et trente-six aut. à Mabillon. Rome, 1684-90, in-4 ou in-8.

72. **FILLASTRE** (Guillaume), né à Tilleul, diocèse de Rouen.
Quatre l. aut. sig. à dom Massuet, Bayeux. 1707, 6 p. in-4.

73. **GERBERON** (Gabriel), éditeur des *Œuvres de Saint-Anselme*, né à Saint-Calais (Mayenne).
L. aut. sig. à d'Achéry, 7 janvier 1666, 1 p. in-4.

74. **GERMAIN** (Michel), secrétaire et collaborateur de Mabillon, né à Péronne.
Quarante-trois lettres, dont quarante aut. sig., et trois aut. à Cl. Placide Porcheron, Ruinart, et autres bénédictins. Rome, Naples et Florence, 1685-6, in-4.

75. **LAMY** (François), savant écrivain, auteur d'une *Réfutation de Spinosa*, né près de Chartres.
Deux l. aut. sig. à Mabillon, 1685, 10 p. in-4, cachet.
Dans une de ces lettres il rend compte d'une conférence qu'il a eue avec l'abbé de La Trappe, en présence de Son Altesse Royale.

76. **LAPARRE** (Guillaume).
Dix-huit l. aut. sig. à Mabillon, Rome, 1699-1707, 41 p. in-4.

77. **LE CONTAT** (Jérôme-Joachim), l'un des plus saints supérieurs de sa congrégation, né à Châlons-sur-Marne.
L. aut. sig. en latin à d'Achéry, 18 juillet 1666, 1 p. in-8.

78. **LENOURRY** (Nicolas), auteur de l'*Apparatus ad bibliothec. maximas patrum veterum*, né à Dieppe.
Quatre l. aut. sig. à Cl. de Vic, Paris, 1694-1714, 8 p. in-8.

79. **LIRON** (Jean), l'un des principaux collaborateurs de l'*Histoire littéraire de la France*, né à Chartres.
L. aut. sig. à dom Ruinart. Angers, 22 août 1687, 3 p. in-4, cachet.

80. **LOBINEAU** (G.-Alexis), historien de la Bretagne, né à Rennes.
L. aut. sig. à Ruinart, Rennes, 1707, 3 p. in-4, cachet.
Très-curieuse lettre relative à ses débats avec Mme Musnet, éditeur de son *Hist. de Bretagne.*

www.ingramcontent.com/pod-product-compliance
Ingram Content Group UK Ltd.
Pitfield, Milton Keynes, MK11 3LW, UK
UKHW022146170726
13837UKWH00004B/1823